人生は壮大なひまつぶし

ゆる～くテキトーでも豊かに生きられるヒント

一明源

人生は壮大なひまつぶし ゆる〜くテキトーでも豊かに生きられるヒント　目次

序章

はじめに

第一章

源さんのこと

第二章

パートナーシップ

第二章 性・セックス

第四章　働くということ

第五章　ゆる〜くテキトーに生きよう

第六章 楽に生きる考え方

終章 おわりに

序章
はじめに

もっとゆる〜くテキトーに生きよう

十八歳から約二十年、東京に住んでいたけど、
今思えばあんなにも『人が住むのに不向き』な土地は
他には無いんじゃないかと思うぐらいいろいろとキツかった
（あくまで個人的な見解です。笑）

みんな、なにをそんなに急いで歩いてるんだろう？

地方の人と比べて、軽く『倍速』の速さで歩いてる
競歩かよ！　って思う人もいる（笑）
そんなに一分一秒を争わないといけないの？

みんな、なにをそんなに悲壮感漂った顔してるんだろう？

普段生活している分には感じないかもしれないけど
例えば、海外旅行から帰ってきた日に乗った電車で
見かけるサラリーマンの顔はほぼ死んでるように見える
そんな顔してまで何故そんな仕事してるんだろう？

みんな、なにをそんなに我慢してるんだろう？

朝の満員電車に限らず、東京は人が多すぎ
東京の人は本当にあれに『慣れている』んだろうか？
僕はもううんざりだ（笑）
あんなのに慣れるぐらいなら
無人島にでも移住したほうがマシだ

みんな、なにをそんなに怒っているんだろう？

悲壮感とは違って、常にイライラしてる人も本当に多い
ちょっとしたことで睨まれるし
ちょっとしたことで「チッ」って言われるし

＊＊＊

そんなに毎日毎日怒ってないといけないぐらい
ストレス溜まってんの？

別に東京が悪いわけではない（笑）
個人的に『僕はそう感じた』だけで
全国どこにだってこういう人はいる
そうじゃない人だってたくさんいる

ただ
こういう人達って今自分が
めっちゃせかせかしていることに
めっちゃ暗い顔していることに
めっちゃ我慢していることに
めっちゃキレてることに
きっと気付いてないんだろうね

なんかもう
それが当たり前になりすぎちゃってる

こういう人達はそんなに自分を殺してまで
一体なにが楽しくて生きているんだろう？
一体なにに追われて生きているんだろう？
一体なにを目的に生きているんだろう？？

大きなお世話だろうけど（笑）

いろんな生き方があっていいと思う

でも
どんな生き方ですら自分の意思で決められないなら
それって本当に『あなたの人生』なんだろうか？？

ゆる〜くテキトーに豊かに生きられるヒント

もっと自由に生きたい！
もっとお金を稼ぎたい！
もっと自由な時間が欲しい！
もっと自分らしく生きたい！

そう思っている多くの人は
勉強したり
セミナーに行ったり
高額な講座に通ったり
すごいと言われる人に会いにいったり
そんなことをしていると思う

そういうこともきっと必要なのかもしれないけど

本当はもっとシンプルなんだよ

答えは簡単

いわゆる『常識』とは逆のことをすればいい

多くの人が気付かないうちに
『常識』という目に見えない力に縛られて生きている
まずはそのことに気付くこと

そして
その『常識』を無視しても大丈夫なんだ!
ということに気付くこと

たったそれだけのことで人生は劇的に楽になる

大丈夫だよ
あなたが今日一日

＊＊

常識を無視して
ゆる～く
らく～に
テキトーに生きてみたところで
世の中はなーんにも変わらない

だから
もっと
ゆる～く
らく～に
テキトーに生きてみようょ

だって

『人生は壮大なひまつぶし』

なんだから

第一章
源さんのこと

『自由』という生き方の追求

「源さんの人生のテーマって何？」
「源さんは何を求めて今の生き方をしてるの？」

そう質問されたら僕は迷うことなく

『自由の追求』

と答える
こう言うと今度は
『自由という生き方に囚われた不自由だよねー』
とか言い出す人もいるけど
うるせー黙れ（笑）
自由は自由なんだよ（笑）

自分が
思ったときに
思ったことを
思った場所で
思った仲間と
思った通りにできる

そういう生き方がいい

それが仕事であれ
それが遊びであれ
それが人間関係であれ

わがままと言われようが
人でなしと罵られようが
知ったこっちゃないのだ

あなたには何も迷惑はかけていない（笑）

ゆる～くテキトーに生きると人生は思いどおり

僕は二〇一七年現在、三十八歳

二〇一六年の六月までは普通に会社員として働いていて
同年七月からフリーランスとして生きるようになってから
本当にこんなにゆる～くテキトーに生きてていいんだろうかと
そう思うぐらい日々ゆるい（笑）

仕事として日々やっていることといえば

時々ブログを書いて
毎朝 LINE@ を書いて
『打ち合わせ』と称して昼からお酒を飲んで

月に数回全国でお茶会やトークイベントを開催して
『打ち上げ』と称して昼からお酒を飲んで（笑）
今のところ、それぐらい

あとは日々何をするでもなく
毎日朝方までダラダラして、寝て
昼ごろ起きて朝か昼かわからんごはんを食べて
昼寝して、撮りためたドラマやバラエティを観て
家の目の前にある土手に登ってぼーっと淀川を眺めて
あ、そうそう
昼酒、昼ビールは源さんの栄養剤（笑）

それでも
そんなゆる〜くテキトーに生きていても
会社員時代に比べて格段に
収入は増えたし
休みも増えたし
自由な時間も増えたし

昼酒を飲むことも増えたし
面白い人達とたくさん知り合えたし
ついでに
全国でおいしいものを食べまくるから体重も増えたし（笑）

間違いなくこれまでの人生に比べても
『豊かになった』と言える

会社員を辞めてフリーランスになったから
というよりは
それによってゆる～くテキトーになったから
こんなにも人生が思いどおりになって
充実感を得られているんだと思うよ

源さんがこの本で伝えたいこと

人が百人いれば百通りの人生がある
バリバリ働いてお金を稼ぎたい人もいれば
仕事やお金以外のことに人生の醍醐味を感じる人もいる
一人でのんびり生きていきたい人もいれば
常に『誰かのため』に時間も能力もお金も使う人もいる

この本で伝えたいのは
どんな生き方を選んだとしても
もっとゆる～くテキトーに生きることはできるんだよ
もっとゆる～くテキトーに生きてもいいんだよ
ということ

今

生きにくいと感じている人
生きるのがつらいと感じている人
生きる理由を見失ってしまった人
そんな人たちに
もっとゆる〜くテキトーに生きてもいいんだよー
ということが伝わるとうれしい

この本は
スキルや能力、あなたの人間性が
上がるようなことは何一つ書いていない

ただただ僕が今
ゆる〜くテキトーに豊かに生きられるようになった
考え方
やり方
進め方
を書いているだけの本だ

読み進めていけばいくほど
「おいおい、ホンマにこんなテキトーでいいんか?」
と心配になっていく人もいるだろう

でも
それでいい(笑)
人生とはそのぐらいテキトーでもなんの問題もない

事実
僕がこんなにもゆる〜くテキトーに生きていても
世の中は何一つ変わらない

兎にも角にも

『もっと楽に生きたい』

そう感じている人にとっては
何かしらのヒントになるんじゃないかと思うよ

もちろんそれに対して反発があるのもわかっている
そういう人にはたまたまこの本に書いてあることが
当てはまらなかっただけの話なので
さっさと古本屋さんに売るなり
焚き火の肥やしにでもすればいい
僕は何も困らない（笑）

キーワードは

『人生は壮大なひまつぶし』

ね！

『ひつまぶし』じゃないからね！
おいしいけど！（笑）

なぜ

人生が『壮大なひまつぶし』なのか
それも読み進めていけばわかると思うよ♡
たぶん、な！（↑この辺からしてテキトー）

第二章

パートナーシップ

人生の問題の大半は結婚のせい？

僕は日々『パートナーシップ研究家』として
全国からさまざまな男女間の相談を受けているが

そのほとんどが『常識』という恋愛観、結婚観に
縛られているものばっかりだ

ここでいう常識的な恋愛観・結婚観とは？

男女が出会って
デートして
セックスして
愛を育んで
プロポーズして

ゼク○ィ買って（笑）
結婚式挙げて
入籍して
子ども作って
子育てをして
なんやかんや

多少順番の前後があるにしても
今現在日本で『常識』とされている恋愛観・結婚観とは
だいたいこんなもんだろう

そして
この流れをなんの疑いもなく進めていった結果
多くの夫婦が同じような壁にぶち当たる
お金
仕事
子育て
義両親と同居

親戚づき合い
セックスレス
不倫
離婚

その原因の多くが

性格の不一致
価値観の相違
方向性の違い

そんな言葉で片づけられるが…
んなわけあるかボケ！
男女関係のパートナーシップで起きる問題のほとんどの原因は

常識的な恋愛観・結婚観に
自分の人生を無理やり当てはめようとするから

それと

ただの無知！

ここでパートナーシップのことを
細かく全部書くことは無理なので
楽に生きられるパートナーシップの形の
代表的なものを幾つか取り上げてみる

恋愛は、しなくてもいい

「恋愛って絶対しないといけないの？」
そんなことを考えたことがある人ってどれくらいいる？

普通に生活しているだけで
いろんなところから嫌でも恋愛のことを

目にするし耳にするしで
「恋愛をしない人間は頭がおかしい！」
ぐらいの勢いで何かと恋愛を煽られる世の中だ

あー、めんどくさい（笑）

その後、結婚をするかどうかは別として
果たして本当に全人類が

恋愛がしたい！

と思っているのだろうか？
そんなわけがない

ただただ
・セックスがしたい
・結婚がしたいだけ

・子どもが欲しいだけ
・養ってほしいだけ
・世間体で旦那（嫁）が欲しいだけ

そういう人も存在するんだよ

でも世間には

【恋愛をしてから結婚！】

という謎の常識的価値観が存在する

バカバカしい（笑）

恋愛なんて、別にしたくなければしなくてもいい
恋愛しなきゃいけない！　なんて誰が決めたの？

恋愛を抜きにして人生を考えられるのなら

あなたの本当の望みはなんだと思う??

恋愛をしないことに
罪悪感なんか感じなくていいからね!

結婚も、しなくてもいい

恋愛はしなくてもいい
だったら別に
結婚もしなくてもいいんだよね

今、結婚していて、あんまり幸せじゃない人が
結婚した理由ってだいたい限られてて

・そろそろいい年だし…
・子どもも産みたいし…

・働きたくないし…
・出世のために…
・親がうるさい…
・なんとなく…

ひと昔前は『勝ち組』『負け組』という言葉があったように
(特に女性は) 結婚をしない、結婚ができないというだけで
とにかく肩身の狭い思いを強いられるという
今思えばバカバカしくて仕方がない価値観が存在した

今でこそ『負け組』という言葉は死語となったけど
当時はただただ『負け組』にならないために
結婚を急いだ女性も多かったことだろう

これだけ生き方が多様化した (しているはず) の世の中で
まだ結婚にこだわる人は今一度
『なんのために結婚したいのか』をよく考えたほうがいい

逆に
結婚という制度に興味がないのであれば
周りになんと言われようと思われようと
結婚なんかしなくてもいい

「ただ好きな人と一緒にいたいだけ」なのであれば
事実婚という選択肢もあるわけだし

結婚をしたからといって人生が変わるわけじゃない

結婚するかどうかは別として
『結婚』という価値観に縛られているうちは
あなたが望む本当の幸せは手に入らないかもね

離婚も、しなくてもいい

結婚をしたとして
その後『男女の恋愛感情』がなくなったからといって
離婚をしなければならない相当な理由がないのであれば
離婚だってする必要はない

・子どものため
・生活のため
・お金のため
・面倒くさい

そんな理由だって結婚生活を続ける立派な理由だ

一つ気に入らないのが
本当はただただお金や生活のためだけに離婚をしないで
外に男を作ってバンバン不倫しているくせに

「旦那とは長く一緒にいるから【情】があるし…」

とか綺麗事を言う人な！

はぁ？　情？

なにそれ、おいしいの？

お金のため、生活のため
そういう理由で離婚をしたくないという事実を
自分で認めずに『情』なんて曖昧な言い訳をしてるから
結婚生活を続けていくのがつらいということに気付け！！

お金のため、生活のためだって
別にいいじゃん！
それ認めたほうが気が楽だから！！！

不倫も、したければすればいい

恋愛も結婚も一対一で成り立つもの！
というのが日本では当たり前だよね

それ自体を否定するつもりはない
多くの人がそれで幸せだと思ってるからね

ところが
僕が全国で開催しているイベントやお茶会に
参加してくださった既婚女性にアンケートをとったところ
半分程度の割合で多くの人が不倫をしてる（笑）

それが事実

世間ではなんだかんだ表向きには綺麗事を言ってるし
テレビでは芸能人や政治家の不倫報道をしているが

口にしないだけで多くの人が
実際は不倫を楽しんでいるもの

これだけ『生き方』に多様性がある世の中で
恋愛をしたら、結婚をしたら
人生における多くのことをパートナー一人に求めるようになるけど

それってよく考えたら、結構めちゃくちゃだよね

僕なら
「僕一人にそんな多くのことを求めないでくれ」
って言うと思う（笑）

ま、だからこそ僕は離婚したんだけどね（笑）

よくある相談の一つとして
・旦那のことは人としては嫌いではない
・子どもの面倒もよく見てくれる
・稼ぎもちゃんとしている

でも
セックスレスだ
セックスだけが満たされない
セックスだけは旦那としたくない

じゃあ、もう
さっさと外に男作ればええやん（笑）

実際そうして
人生がめちゃめちゃ充実してる既婚女性は
めちゃめちゃいるよ？

何をそんなに我慢してんの？

あ、でも
やるときはそれなりにうまくやってな（笑）

『セックスレス』が問題なんじゃない

例えば、こんな相談もよくある

結婚して、子どもを産んで
五年・十年セックスレス
どうやってセックスレスを解消すればいいか？

こういう相談を受けたとき
相談者にまず確認することがある

仮に、
何らかの手段でセックスレスが解消したとして
本当にもう一度旦那とセックスがしたいんですか？

この質問になんの迷いもなく「イエス」と答えた人には
なんらかのセックスレス解消の方法をお伝えするが

中には
「今更旦那とセックスするなんて想像つかない」
「そう言われると…なんか気持ち悪い！」
という答えが返ってくることもある
旦那が哀れだ…（笑）

それって
『夫婦間でのセックスレス』が問題なのではなくて
『夫婦のあり方そのものが問題』なんだよね
それを機会に離婚を考え始める人もいるだろうし
離婚はしないけどセックスはしたいから外に男を作る

そんな人がいても不思議ではない

セックスレスというのは
それ自体が問題なのではなくて
何かしらの問題があるから
セックスレスという形になって現れるだけ

そこんとこ勘違いしないようにね♡

あなたは旦那とセックスがしたいの?

それとも
ただ単に性欲を満たしたいだけなの?
別にそれでいいんだよ

セックスしたいことは何も恥ずかしいことじゃない

『離婚』は幸せへの片道切符

少なくとも僕は
「自ら離婚を切り出して離婚をして不幸になった」という人に
出会ったことがない

これは
「会社員を辞めて不幸になった」という
自営業者に出会ったことがないのと同じで（笑）

何かをやめて不幸になるということは
意外と起きないんだよねー

多くの人が勘違いしているんだと思うけど
確かに、離婚をすれば『苦労』することはあると思う

でも

『苦労』と『不幸』は違うよ

たとえ金銭的な苦労が増えるとしても
それと引き換えに自由が手に入るなら
そんな苦労は苦労でもない！
という女性も多いのでは？

そもそも
離婚は『失敗』ではない

その結婚自体が失敗だっただけで（笑）
離婚はその失敗を帳消しにできる魔法だ

世間では「バツイチ」といわれるから
離婚をすると「バツ（罰）」がついたように思うだけ
（CHAGE&ASKAの飛鳥さんはバツイチのことを

『クロスワン』って表現してる（笑）かっちょいい！）

離婚はバツではなく
むしろ「マル」！

よく決断できたね！
本当にえらいよ！
本当にすごいよ！

離婚おめでとう！
あなたはもう幸せにしかなれないよ！

一度で正解を求めない

転職ってしたことある？
僕は何回もした（笑）

きっとこれを読んでいる人の中にも
何度か転職をしたことがある人もいると思う

それって
あなたにとって何かしら
・今よりも条件がいいから
・今よりも都合がいいから
だから転職するんだよね？

現代はひと昔前と違って転職はキャリアアップ！
転職しないほうがむしろ不思議
そんな時代なんだよね

じゃあ…

なぜ『結婚』は一度で正解を求めようとすんの？

これ、本当に不思議（笑）

多くの女性が一度の結婚で
幸せになれると思ってるし
幸せになれなかったら人生終わりと思ってる

はぁ？
バカなの？（笑）

一度でダメなら何度でもすればいいじゃん（笑）

結婚って
年齢や状況によって相手が変わることがあってもいいと思う

若いころはただただ好きな人と一緒にいればいい
子どもが欲しければそういう相手と結婚すればいい
子どもが育って手が離れたら改めて好きな人を選べばいい
人生の『終のパートナー』だってそのときに決めればいい

一つの『あなたの人生』という長い物語の中で
結婚相手、人生のパートナーが常に一緒である必要もない

そりゃーね
ずっと一緒のほうがいいっていう人もいると思うよ

大切なのは

今のあなたに必要なのは

今目の前にいるその人なのか？
そこに嘘がない生き方をしようね

子どもは誰が育てたっていい

ねぇ

そこのママさん

子育て
全部一人でやるのつらくない？
なんで私だけ一人で子育てしなきゃならんのだ！　って

それが当たり前って思ってるよね
でもさ
それが当たり前じゃない時代もあったわけだよ
そして
これからそれが当たり前じゃなくなる時代がまた来る

ひと昔前から『核家族化』っていわれるようになって
子育ては一つの家庭の一人の母親に
子育てすべてを任されるようになった

そうなる前は？
親と同居してるのが当たり前だったから

祖父母に面倒を見てもらうことなんて当たり前だったし
家族、家庭を超えてその地域で子どもを見合うような文化もあった

今より楽だったとはいわない
でも
今よりは心に余裕があったんじゃないかな

今はなんでもかんでも母親がすべてを背負わされるでしょ？

もうね
ぶっちゃけ
子どもなんて誰が育てたっていいんだよ

たまには夫婦二人で出かけたいときもあるでしょ？
そんなときは堂々と親に預ければいいし
堂々とベビーシッターにお願いすればいい

そりゃーね

毎日毎日一分一秒も子どもとずっと一緒って
誰だって頭おかしくなるよ

親に預けること
シッターにお願いすること
そんなことにいちいち罪悪感なんか感じなくていい
もっと堂々と
周りを頼れ！

んで
これだけみんながSNSを使ってんだから
ママ友コミュニティでも作って

「いついつ旦那とデートしたいから誰か子ども預かってー」
「急な仕事が入ったから誰か子ども見ててほしいー！」
「もう無理！　一時間だけ昼寝させて！　誰か助けて！」

って言い合えるようになったら

めっちゃ楽じゃない??

同じ境遇同士だからこそ
協力し合える仲間ができるはず
その仲間同士で助け合えたら
子育てなんてめっちゃ楽だと思うんだけどねー

なんでみんなやらないの??

複数恋愛をしたい人に、必要な心構え

性や愛を発信する人の中に
複数恋愛をしている人がそこそこいるからか
それに影響されて複数恋愛を始める人が増えてきた気がする

複数恋愛とは

浮気・不倫とはまた違って
彼氏、旦那さん以外に公認のパートナーを複数持つこと
恋愛とかパートナーシップの形は人それぞれだから
それ自体は別に構わないと思うよ（笑）
誰にとやかく言われたとしても
自分のやりたいことならやればいい

ただ
複数恋愛をやるときに一つだけ気をつけてほしいなー
って思うことがあってね

それは

後出しジャンケンはダメ♡

これから複数恋愛をする人に覚えておいてほしいのは
新しいパートナーがほしいなーと思って出会った人に
ちゃんと自分が『複数恋愛をしている』ということを

先に伝えておくこと！
え？
そんな当たり前のこと？（笑）

そうなんだけど
これ、意外とちゃんとやってない人多いんだよねー

自分が複数恋愛だということを黙って
いろんな人とパートナーシップを持つのって
それ、ただの二股三股だからね？

ちゃんと自己申告をして
相手にもちゃんと理解をしてもらった上で
複数のパートナーシップを築いていかないと
いつかトラブルになるよ～

第三章
性・セックス

女性はもう、我慢しなくていい

勝手に
この本を読んで下さっているのは女性が多いんだろうという前提で
この章は主に女性に向けて書くね（笑）
（男性が読んでも耳が痛いという意味でお勉強になるとは思うよ）

パートナーシップ研究家として
日々パートナーシップについての相談を受ける中で
その大半が『性』『セックス』についてのことだったりする

その内容に関係なく
セックスの悩みというのは原因のほとんどが

ただ、『無知』なだけだったりする

無知だからこそ男に言われるがままのセックスを受け入れ
痛い思いをしたり
気持ちよくなかったり
ただただ性のはけ口にされたり
一方的に性癖を押しつけられたり

「こんなものがセックスなら、もうしたくない」
と、セックスレスに陥って夫婦関係が破綻して離婚
よくある話だね

確かに
セックスのことをちゃんと勉強して
パートナーとセックスについて話し合って
お互い気持ちよくて幸せなセックスができるまで
それ相応の協力と時間と労力がかかるかもしれない

だったら

まず貴女がしなくちゃいけないのは

されて嫌なことは受け入れない

それならすぐにできそうじゃない？

「拒否したら嫌われちゃうんじゃないか」
そんな不安を感じる必要はないよ

されて嫌なことを拒否したら嫌われた？
いやいや、そもそもそんな男は最初から要らんでしょ？

正しいセックスとはなんなのか
気持ちいいセックスとは何なのか
それはこれから勉強するとして、

嫌なセックスを受け入れない
嫌なセックスをしてくる男を受け入れない

そういう、『我慢をしない』ということから始めよう

女性はもう
我慢してバカ男の下手くそなセックスを
受け入れなくていい！

もうそういう時代じゃないんだから、ね♡

『激しく、強く』なセックスは下手くそな証拠

そもそもセックスって誰に習うわけでもなく
ただただ情報として垂れ流されているものを
ほとんどの人が「これが正解」と思い込んでいるだけ

特に世間のバカ男は、アダルトＤＶＤとか動画などの
『男が観て性的に興奮する』商業的なセックスしか知らない

そして
無知なために、また
「嫌われないように」と
その間違ったセックスを受け入れる女性たち
そりゃーね
変なセックスが蔓延するわけだよ

世のバカ男たちは
『セックスとは、激しく、強くすれば女性は気持ちいい』
と、本気で思っている

女性がちょっとでも
「あ…イキそう♡」なんて言おうものなら
「ウオーーーー!」って指の動き、腰の動きが
急に、無駄に激しくなる男ばっかりでしょ?

もうね、アホかと（笑）

女性からすれば
優しく
ゆっくり
同じ強さ
同じリズム
同じ感覚で
愛撫されたほうが気持ちいいのにね

バカ男はね
そういうことすら知らないのよ
知らないから『強く、激しく』しかできないの

なので、女性の皆さん
「それ、違うよ」って優しく教えてあげるだけで
その点はサクッと解決できるからね♡

セックスの『思い込み』を捨てよう

はい、ここで質問
セックスってどういう行為のことをいう？

きっと多くの人が
『男がイったら終わり』
と答えるんじゃないかなー？

別にちゃんと決まってるわけではないけど
なんとなく世の中的には…

ちゃちゃーっと愛撫を済ませて
女性が濡れたら
挿入して

激しく動いて
（女性がイクかどうかは別として）
射精したら終了
これが標準的なセックスだと思われてない？

これもある程度仕方がないといえば仕方がない…
商業的に日本の性風俗や、アダルト系のものは
基本的に『射精』ありきだからねー

それが悪いとは言わないし
それで満足しているんならいいんだけど

セックスって、それだけじゃないよね？

イチャイチャするだけでもいいやん
最初から最後まで女性が愛撫されて終わってもいいやん
挿入したあと、女性がイケたら終わってもいいやん

これはある程度年齢を重ねた男なら
なんとなく分かってくれると思うんだけど
『射精』ってものすごくエネルギーを消費するんだよね
正直なところ
「今日は君が気持ちよくなれたんなら、出さなくてもいい」
って思ってる男って実は結構いる

僕もその一人だし
射精をしないで終わることもある

男だって
『射精』しなくても気持ちいいし
『射精』をしないセックスがあってもいいんだよ？
『射精』にこだわるからこそ
セックスレスになったりもするしね！

勃たせなくても、挿れなくても、イかせなくてもいい

『射精』を目的とした行為をセックスだとするから
『どうしても男中心のセックスになる』
そうするといつか必ずぶち当たる問題が

中折れ
ＥＤ

近年は二十代の男でも
勃たなかったり中折れするらしいね
それだけストレスを抱えてるんだろう

『モノ』が勃たなかったとき、中折れしたとき
それを「自分が悪い」と自分責めをする女性が多い

私が下手くそだからだ…
私のあそこがゆるいからだ…
私に魅力がなくなったからだ…

はい、それ全部違うから安心して～

これまでの男にそういうことを言われたことがあるのかもしれないけど
どんな健康な男でも
そのときの精神状態や体のコンディションで
勃たないことなんて当たり前に起こり得ることなんだよ
あ、あと『加齢』ね
これぱっかりはどうしようもない

僕だって
酒に酔っていたり
超絶美人を相手したり
すごい人のお相手をしないといけなかったり

緊張していたりすれば勃たないことも多々あるし
若いころに比べて勃起力も持続力も衰えたと感じるもん

パートナーが
勃たなかったとき、中折れしたときは
決して「慰め」の言葉はかけてはいけない

多くのバカ男は基本的に
勃たないことに対してショックを受けるというよりも
恥をかいた、恥をかかせたという感情のほうが強い
そこに「慰め」の言葉を投げかけるのは
傷口に塩を塗ってさらに指でぐりぐりするようなもの

そういうときは
・ねえ、ぎゅーして？
・ねえ、チューして？
・ねえ、よしよしして？
などの言葉で、気をそらせてあげればいい

そして
そもそもな話だけど（ここからは男も心して読んでちょ）

・勃たせる
・挿入する
・射精する

これをセックスだと思ってるからダメなのよ
セックスはパートナーとのコミュニケーション！

肌を重ねるだけの日があってもいいし
時間をかけてお互いゆっくり愛撫するだけの日があってもいいし
その中で
挿れる日があってもいいし
射精する日があってもいい

お互いに気持ちいいセックスができる秘訣の一つは

意外と

『出さない（射精しない）勇気』

かもしれないね

セックスの基本中の基本は『自分を知ること』

この本を執筆している二〇一七年現在、僕は全国で
『源さんのリアルで爆笑な性教育講座』と題して
女性向け、カップル向けに性の知識をお伝えしている
その中で毎回驚かされるのが

世の女性はこんなにも自分の性器のことを知らないのか!?

ということ…

どういうことかというと
自分の性器をちゃんと見たことがない
自分の性器をちゃんと触ったことない
自分の尿道口がどこにあるか知らない
膣の中に指を入れて洗ったことがない
クリトリスは皮を被ってることを知らない

そして

オナニーをしたことがない
自分の気持ちいいところを知らない
どこをどうされたら気持ちいいかわからない

おいおい…マジかよ…
それなのに

気持ちいいセックスがしたいです？

イクっていう感覚がわかりません？
彼に「どこが気持ちいい？」って聞かれても答えられません？

いやいやいやいや
当たり前だろ（笑）

はい
思い当たる人、いるよね？　その場で挙手（笑）

あのね
自分の性器に興味がない女性が
気持ちいいセックスなんかできるわけがないのよ

そうやって自分の性器に興味も持たないのに
セックスは男任せにしておけば気持ちよくなるだろう
セックスが気持ちよくないのは男が下手だからだろう
って…
そーれーはー違うからな？

ちょっと立場を逆にして考えてみ？
もし貴女がこれからセックスしようとしている男が
こんなことを言う奴だったらどうする？

自分のモノをちゃんと見たことない
自分のモノをちゃんと触ったこともない
ちゃんと洗ったこともない
皮被ってるけど放置

オナニーもしたことない
自分のモノのどこが気持ちいいかなんて知らない
何をどうすれば勃ってイケるかもわからない

貴女は
こんなことを言う男とセックスしたいって思う？
絶対思わないよね？（笑）

それな
男も同じこと思ってるんだよ

自分の性器のこと
自分が何をされたら気持ちいいか
そういうことを知らない女性って基本的にセックスは
男任せ

そういう女性を相手にするときって
男がどれだけ本気で愛してセックスしても
女性にそれを受け取る力がなければ
絶対に気持ちいいセックスはできないんだよ？

気持ちいいセックスをするための基本中の基本は
自分の性器に興味を持つこと

いきなり「オナニーをしよう！」とは言わん（笑）
まずはお風呂で、ちゃんと洗ってあげる

びらびらの内側とか
膣の中も指で洗ってあげて
そのとき
石鹸とかボディーソープとかつけちゃダメだよ
お湯で洗うだけでいいからね

ね？
たったこれだけのことから始めるだけで
どんどんセックスも気持ちよくなるなら
超簡単じゃやない？

『おっぱい』は存在自体がファンタスティック

僕のブログを読んだことがある人ならご存じのとおり
僕はおっぱいが大好きだ（だからなんだ（笑））
「ねぇ、おっぱい揉む？」

このひと言でパートナーシップは驚くほど改善するし
世界から争いをなくすことができるだろう

多くの女性は勘違いをしている
男はいつでもどこでもセックスがしたい！　という
性欲の塊のように思っているかもしれないが
そうではない！

多くの男は
いつでもどこでもセックスがしたいのではなくて
いつでもどこでもあなたのおっぱいが揉みたいのだ！

そしてあなたは
そんな、素晴らしい『おっぱい』を持っている

しかし
形

大きさ
張り
柔らかさ
乳輪
乳首
いろんなところで自分のおっぱいに
コンプレックスを持つ女性も多い

そしてよく耳にするのが
授乳後の自分のおっぱいの悩み…

でもね
安心してほしい
僕は授乳後のおっぱいも大好きだ（だからなんだ（笑））

さらに言うと
男は女性が思っているほどおっぱいの形状にこだわりがない

そこにおっぱいがあるだけで素晴らしいの！

大きかろうが小さかろうが関係ない
ぷりん！　としてようが垂れてようが関係ない
そこにおっぱいがある
それだけで世界は平和なんだよ！

そして
あなたはそんな自分のおっぱいを
もっと大切にしてほしい
もっと大切に扱ってほしい

自分のおっぱいに「今日も可愛いよ」って言ってあげてほしい

これは冗談でもなんでもない
自分のおっぱいに「今日も可愛いよ」って言ってあげるだけで
あなた自身の「肯定感」も上がるの
いきなり性器に興味を持つことに抵抗があるなら

せめて、まずはおっぱいを愛してあげてほしい
そうすればセックスも気持ちよくなれる
自分の体に興味を持てるようになるし
あなたはどんどん自分を好きになれるし
『おっぱい肯定感』が上がれば

いい？
おっぱいは、どんなおっぱいでも
そこにおっぱいが存在するだけで世界は平和なの！

『いい歳して…』のいい歳は、本当にいい歳♡

時々
・いい歳して恋愛なんて…
・いい歳して不倫なんて…

・いい歳してセックスなんて…

と言う女性を見かけるし

ご本人がそう思わなくても
周りから同じようなことを言われることもあるだろう

じゃあ質問

その『いい歳』っていくつぐらいからのことを言ってる？

（人によるけど）
男の肉体的性欲のピークは三〇代前半から半ばと言われていて
それ以降は性欲が徐々に減退し勃起力・持続力も衰えていき
早々にセックスに興味を失い、しなくなる男も出てくる

でもね
女性の肉体的性欲って

三十代後半から右肩上がりのうなぎのぼり

きっと、ここでいう「いい歳して」っていうのは
ほとんどの人が四十代以降のことを言ってるんだろうけど

いやいやいやいや！
四十代の女性がセックスを楽しまなくてどうすんの？
四十代って（いい意味で）めちゃめちゃいい歳だからね♡
四十代からセックスを楽しめたらめちゃめちゃ人生豊かになるよ
これまで僕がお相手してきた女性の中で
やっぱり四十代のセックスの楽しみ方は
それまでの年代と全然違うんだよね

なんというか
四十代になってやっと体が仕上がってくるって感じ

そんな、自分にもパートナーにとってもおいしい時期に
セックスを楽しまないなんて本当に勿体ない！

「いい歳して…」なんて言ってるけど、その『いい歳』って
本当にいい歳♡なんだからね！
ちゃんと自覚して！

いくつになっても『女の子』でいていい

ちょっとここいらで、ひと息いれよっか

せっかく『楽に生きられるヒント』の本を読んでるのに
本読んで疲れちゃったら意味ないしね（笑）

そうそう
最近何か頑張っちゃってること、ない？

あんまり頑張りすぎなくていいからね

女性はただでさえ男以上にたくさんのことを背負わされるやん？

いい女でいなきゃ
いい妻でいなきゃ
いい母でいなきゃ
いい嫁でいなきゃ
いい人間でいなきゃ

男女平等とか言っときながら
なんでこんなにも女性が頑張らなきゃいけない世の中になったんだろうね？

若いころは「大人な女にならなきゃ」って気張るし
大人になったらなったで「しっかりしなきゃ」って気張るし

ねえ
ここ数年を振り返ってみて
あなたが『女の子でいられたとき』ってある？

もうね
女性はみんないくつになっても『女の子』でいていいからね
「しっかりしなきゃ」って
自分を偽ってるってことなの
自分に嘘をつき続けてるとね
あなたの意志に反して、無意識に
ココロもカラダもどんどん閉じていって
最終的には…『不感症』になるんだよ？

『不感症』の原因って
実は意外とそんなところにあったりするの

だからね、これから女性は
ただただ自分に素直に
ただただだかわいい女の子でいて
ただただみんなから愛されて

ただただ自由に生きる
いくつになっても
そんな『女の子』でいていいんだよ

セックスレスのよくあるケースと、その解消法

パートナーシップ研究家として
セックスレスの相談に乗ることも本当に多い

セックスレスは
その原因や解消法も多岐にわたるので

・これさえやっとけばセックスレスにならない！
・これをすればセックスレスは解消するぜ！
という単純な話でもないんだよねー

その中でも
よくあるケースを一つ紹介しておくね

『よくあるケース』

結婚して
子どもが生まれて
女性は子育てで忙しくて
男も働き盛りで仕事が忙しくて

平日は「疲れてる」ってお互い早く寝るし
休日は子どももいるし
家族サービスもしなきゃだし
休日ぐらいゆっくり休みたいし
日曜日の夜は「明日も仕事だから」と早く寝てしまう

え
じゃあ一体いつセックスすればいいの？

はい
思い当たる人、いるよね？　その場で挙手（笑）

一般的によくある家庭だからこそ
一般的によくあるセックスレスの話

ここでのキーワードは『子ども』ね

何年か前に某モデルタレントさんが
「結婚したら週一は子どもをシッターさんに預けて旦那とデートする」
と発言したことに対して大炎上したことがあったの覚えてる？

でもね
このケースのセックスレスを解消する方法って
ぶっちゃけ、これなんだよね

子どもを預けて
夫婦だけの時間を作る

ご両親が近くに住んでるならご両親に
一時保育が使えるならそれもありだし
シッターさんにお願いできるならしてもいい

とにかく
どんな手段を使ってもいいから
夫婦二人だけの時間を（数時間でいいから）作ること

日本人は『子どもを預けて遊びにいく』ことに対して
ちょっと潔癖すぎるぐらい反感を持つけど

じゃあそれって、保育園に預けて仕事にいくのと
一体何が違うの？

子どもを預けて仕事にいくのはいいけど
子どもを預けて夫婦で遊びにいく、セックスすることの
一体何が悪いの？

誰が決めたの？
そんな法律あったっけ？

法律もないのにただただそれを「悪」と感じるって
意味がわかんない
ただの偏見

それを
やってもいないのに批判したり、罪悪感を持ったり…
まずはやってから言えって話♡

で、実際にこれをやってる人に話を聞くと
「数時間でも預けていると、迎えにいったときの愛おしさが半端ない」
らしい

だって
自分たち夫婦のために
数時間だけど我慢してくれたわけでしょ？

自分の子どもに対して感謝の気持ちを持てるって
すごいことだと思う

子どもを預けて遊びにいく、セックスをする
その数時間ってね
ただセックスレスを解消するためだけの時間じゃなくて
夫婦の絆
家族の絆
家庭円満の
最大の秘訣のひとつなんだよ？

「私は愛されてる」と思い込まなくていい

・あの人は人として、夫として、すごくいい人なんです
・ちゃんと仕事して稼いできてくれるし

・家事も子育ても手伝ってくれるし
・私のしたいようにさせてくれるし
・セックスもちゃんとしてくれるし
・私にはもったいないぐらいの人なんです
・私は本当に愛されているんだなーって実感してるんです

でも…
セックスだけがあとちょっとのところで満足できないんです
ほんのあと一センチ足りなくて…（いろんな意味で）
ほんのあと数分足りなくてイケそうでイケない…

・それでもいつもいろんな工夫をしてくれて
・だから物足りないとか、言ったらバチが当たると思うんです
・こんなにも努力してくれる夫を持って
・私は本当に幸せなんです！

ふ、ふぅ～ん…（汗）

セックスの相談を受けるとき
なんの言い訳か知らないけど
多くの女性がいちいち前後に
こういうことを付け加えてくるんだよね

いやいや
あなたの本音は
太字になってるところですよー

そこめっちゃ強調してましたからー（笑）

でね
こういう女性が何かのきっかけで
旦那以外の男とセックスをして
そこでめちゃめちゃ満足したら…
・今までいかに自分が欲求不満か気付いちゃいました！
・ほんのあと少し…は、全然あと少しじゃありませんでした！
・やっぱり私、セックスが大好きでした！（笑）

ちょっと「パートナーシップ」の話になるけど
多くの人が結婚をするときに、パートナーとの
『性・セックス』の相性を最も軽視する

そして結婚後、数年経って

やっぱりそこが一番大事だった！！！

って気付く場合がある

結婚してから気付いてもなぁ…と思うんだが
そうなってしまったものは仕方がない（笑）

そこは素直にパートナーに告白しましょう
そこで何か改善できることがあるならそれでよし

もし改善できないなら

サクッと離婚してパートナーを変えるのもよし
大切なのは

「セックスは満足できていないけど
私はそれ以外のところではちゃんと愛されている」
と、思い込まなくていい！

ってことね

セックスの不満足は
塵も積もれば山となる…
なんて甘っちょろいものじゃなくて
塵も積もれば、爆発する！
ぐらいの大事（おおごと）なんだよね

パートナーと最高のセックスができる唯一の超簡単な方法

セックスの相談で、こういうのもよくある話

例えば
貴女のパートナーが
とにかくセックスが下手くそだとする（笑）

それ以外は本当にイイ人なのに
とにかくセックスだけが本当に残念

でも
そんなこと彼に言えないし
言えたとしても
何をどう伝えればいいのかわからない…

「源さん、彼に何をどうやって伝えればいいですか?」

はい
思い当たる人、いるよね? その場で挙手(笑)

こういう相談でいつもお答えしているのは
『具体的に何をどう伝えればいいか?』
そこにフォーカスしてるから何も解決しないのよ

まず、あなたがやらなければいけないのは

・貴方のことは大好きだし大切
・でもセックスだけがどうしても満足できないの
・でも、そんなこと貴方に言えないし…
・言ったら嫌われちゃうんじゃないかってずっと不安だったし
・もっと二人で気持ちいいセックスをしていきたいって思ってるけど

・私もそこまでセックスのことがわからなくて
・何をどう伝えたらいいかわからなくて…

っていう『本音』を伝えることなんだよ？

これをすっ飛ばして
突然セックスについて具体的な指示を出しちゃったら
それこそ夫婦崩壊の危機到来だわ（笑）

この章の最後にお伝えしておきたいのは
パートナーと最高のセックスができる唯一の超簡単な方法

本当に簡単
これさえできれば何も怖いことはないから

その方法とは

セックスの話をし合えるパートナーシップを築く

たったそれだけのことね？

簡単でしょ？

第四章
働くということ

会社員だろうと『自由』は自分次第

自由に生きるにはどうしたらいいか?
それを考えたときに多くの人がまず一番に考えるのが

雇われて働いていることは『不自由』だ!
雇われて働くのをやめて自分で起業したい!

という考え方だと思う

果たして本当にそうだろうか?

僕は二〇一六年の六月まで
約七年半会社員をしてたが
それ自体を『不自由だ!』と感じたことはあまりない

え？
じゃあなんで会社員を辞めてフリーランスになったのかって？

毎朝早く起きるのがつらかったから（笑）
ぶっちゃけそれだけ！

会社員だろうと働き方は自分で決められるし
会社員だろうと有給使ってがっつり休めるし
会社員だろうとそれも含め自由に生きられる

会社内の付き合いは極力行かない

会社員時代
勤めていた会社がほぼ年上ばっかりで
僕は年齢も若く、立場も一番下っ端だったにも関わらず

昼食
飲み会
ボーリング大会
ソフトボール大会

あらゆる会社内の付き合いに参加しなかった

だって
面倒だもん（笑）
早く帰ってブログ書きたかったし（笑）
ただ、会社全体の
忘年会、新年会、送別会、決起集会など
会社命令でどうしても参加しないといけない会もあったが
そういうものは最初の三十分だけ顔を出して
さっさと帰った

きっと多くの人が
「会社内の付き合いを断るなんてできないよ！」

と思っていることだろう

でもね
何度も何度も『誘われては断り』を繰り返していると
そのうち、誰からも誘われなくなるんだよ（笑）

そうなったらもうこっちのものだよね！
孤立無縁最高！

会社内の付き合いをおざなりにすると
会社内でハブられるかもしれないけど
仕事さえちゃんとしていれば
何も文句言われる筋合いはないんだよ

有給休暇は使いきれ

会社員が大型連休をとれるとしたら
年末年始
ゴールデンウィーク
お盆休み
それぐらいでしょ？

んで
みーんなそこに旅行とか帰省の予定を入れるから
交通機関も観光地も大混乱
どこに行っても人！　人！　人！

「仕方ないよね
　だって、そこしか大型連休がとれないんだし…」

は？
なに言ってんの？
そんなこと誰が決めたの？
それこそ会社員の思い込みだわ

僕の会社員時代といえば
全く観光シーズンでもなんでもないド平日に
ガッツリ有給休暇を取得して前後の土日と合わせて
一週間とか十日間とか平気で休んでたよ（笑）

これはちょっとやりすぎたなーって思ったのは
とある一ヶ月間、ちょっと個人的に忙しくて
毎週金曜日を有給で休んだことがあったけど（笑）

でもね
そんなことしても意外と平気なんだよね
試しにやってみ？

どうせちょっと怒られるだけだから

有給休暇は『権利』だよ
使えない、使わせてくれない
そんな会社に勤めているなら
さっさと辞めるか労基に訴えればいい

あと、意外と効くのが

『本社のコンプライアンスにたれ込む』（笑）

台風の日は出勤しない

当たり前に考えれば
台風の日は交通機関に限らず
さまざまな事柄が麻痺するわけだ

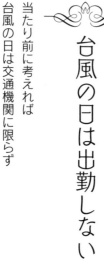

それなのに会社員は通常どおり、いや
むしろ普段以上に気合いを入れて出勤しようとする

あなたの会社にもいるでしょ？
台風の日に限って誰よりも早く出勤してる人（笑）
ほんと、ああいう存在って迷惑だわ

僕の会社員時代、台風の日にこんなことがあった

朝から台風で電車が止まり出勤できず
会社の指示で自宅待機を命じられる
昼ごろやっと電車も動いて出勤できた

しばらくして…

「台風がひどくなって帰れなくなる前に、
今日は早上がりしていいぞ」

……（怒）
じゃあ一体なんのために出勤させたんじゃあああ！！！

バカなのか？
ほんとにおまえらはバカなのか？？

最初にも書いたが
台風の日は交通機関だけではなくて
仕事そのものにも支障が出るんだよ

だったらなにもそんな日に出勤しなくてもいいわけだよ
なぜ日本企業のバカどもはそんなこともわからんのかねー

それにな
台風って下手したら人が死ぬんだぞ？

自分だけじゃなくて
家族にだって被害が及ぶかもしれないんだぞ？

自分の命や家族の命よりも
そんなに仕事が大事なのかな?

あなたの代わりはいくらでもいる

あなたのまわりにもこういう人はいないだろうか?

「私が辞めたら、この部署、この会社はまわらない」

思い上がりもいいとこだ(笑)

こういう人に限って実は大した仕事はしていない
ただ自分を過大評価しているだけだったりする

残念だけどあなたの代わりはいくらでもいる
会社組織とはそういうものだ

本当に『仕事ができる人』というのは
できる人を育てられる
か
できる人に仕事を任せることができる
そういう人間だ

自分は仕事ができると思い込み
なんでもかんでも自分でやってしまおうという人間は
気がついたら自分のキャパをオーバーして
いくら残業をしても片づけられなくなり
そのうち鬱になって自滅する

仕事にプライドを持つことは大切だと思う
けれど
あなたがなんでもかんでも背負う必要はない

あなたは
『なんでもできる人』になる必要はない

え？　僕？
そりゃーもう
与えられた最低限の仕事だけを
キッチリこなしてたよ（笑）
だから残業もしないし
休日出勤なんかもしない

自分の代わりはいくらでもいると思えば
気楽に仕事ができるようになり
ストレスが減ってもっといい仕事ができるようになる
かもしれない（笑）

給料を上げたいなら『出世』よりも『複業』

大手企業に就職できた人であっても

よっぽど上司にゴマ擦って出世でもしない限り
昇級は望めない時代

そんな中、出世や昇給のために
毎日毎日残業して休日出勤もして
どんだけたくさんの仕事をこなしたとしても
それでもやっぱり昇給はしない

え？
だったら
無駄な残業・休日出勤をやめて
会社では必要最低限やるべきことだけやって
空いた時間に別の仕事すればええやん！

そっちのほうがよっぽど効率的に稼げると思うわ（笑）

でね
会社の仕事を『本業』

空いた時間でやる仕事を『副業』
そう考えてるからいろいろやってられなくなるんであって

いろんな仕事を持っている『複業』って考えれば
実はあっという間に会社の給料を超える稼ぎを
ほかの仕事でできるようになったりする

僕もそのパターン
当時の職場の皆さんゴメンなさい（笑）
今では会社員の月給ぐらいなら
小規模の講座を一回開けば稼げる↑すげーやな奴（笑）

でも今はそういうことって当たり前だったりする

会社員の仕事はあくまで「社会的信用」のためだけで
お金は別の複業で稼いでまーす
という人だっている

まだまだ日本は
『会社員』が一番社会的信用が高いからね

会社員という生き甲斐・プライド

これから起業しようとしている人に多い傾向なんだけど
会社員をどこかで下に見てるとか
なんとなくバカにしてる人っているよね

いつまで会社員なんかやってんだよ
さっさと社会の歯車を抜け出して起業して
自由になろうぜ

みたいな

そういうバカどもにひと言言っとくわ

あんたが今生きていられる『衣食住』のすべては
あんたがバカにしている会社員の皆さんによって作られている
世の中のすべての人が会社員になって自由に生きるようになったら
あんたの『衣食住』はすべて崩壊するだろうよ
会社員をバカにするなら
今、恩恵を受けているすべてを捨てて
自給自足生活でも始めるんだな

会社員には会社員のプライドがある
歯車といわれようがその歯車が一個なくなれば
会社が、社会が止まることもある

会社員だろうが
起業家だろうが
あなたが生きたいように生きればいい

周りから何を言われようと
あなたが自分の人生をどんなふうに生きようと

周りの誰にも迷惑なんかかからないんだから（笑）

毎朝決まった時間に起きることができない
そんな理由で会社員から脱落した人間がここにいる（笑）
そんな人間に比べたら
あんたたち会社員の皆さんは尊敬に値します

そして

今の日本を支えてくれて
本当にありがとうございます
あなたに困ったことが起きたら
僕があなたを支えます

第五章

ゆる～く テキトーに 生きよう

早寝早起きがカラダにいい！　は思い込み

世間一般的には
早寝早起きはカラダにいい
暗くなったら寝て
日が昇ったら起きる
それが人間の自然のリズムだ、と
まるで呪いのように言われているけど

早寝早起きがカラダに悪い人間がここにいる（笑）

今、ある程度自由に生きている僕は
日々朝方に寝て、昼ごろ起きて、昼寝して、また朝方に寝て
それが日常だが至って健康だ

動物にも夜行性のものがいるように
人間だって夜行性のほうが都合のいい人だっている

人類すべてが
早寝早起きがカラダにいいというのは逆に不自然だ

オックスフォード大学やハーバード大学も
『早起き』はカラダにも心にも悪いとしていて
メタボ、高血圧、糖尿病、心筋梗塞、脳卒中、循環器疾患、鬱
これらはすべて『早起き』が原因だともいわれている

それは極端だとしても
少なくとも僕は早寝早起きの生活をすると
・集中力の低下
・日中の倦怠感
この二つにはいつも悩まされていた

睡眠のサイクル、時間、質は人それぞれだ

きっと早寝早起きのほうがカラダにいい人もいるだろう
でも
あなたにはあなたの睡眠がある
あなたが最も楽な睡眠のスタイル
それを堂々と貫けばいい

手料理至上主義はもう古い

『一汁三菜』

こういわれ始めたのは、たぶん戦後（たぶんかよ）
まだまだ食材も栄養も足りていなかった時代は
それぐらい食べないとやってられんよー
という意味で『一汁三菜』だったんだと思う

その世代の影響を引き継いでか
未だに「おかずは三品以上出せ」とかいう
前時代的な価値感を持ったバカ男もまだまだ存在する

そんなバカ男はさっさと絶滅しろ!(笑)

これを読んでいるあなたが
毎日『一汁三菜』どころか食べきれない量のごはんを作るのが好きだ!
という人ならどんどんやればいいと思うんだけど

ぶっちゃけ
・面倒くさい
・できることならやりたくない
・そこまで料理は得意じゃないし…
・なんで女ばっかり作らなきゃいけないんだ!!

そう思っている人のほうが多いと思う

そこで提案したいのが

・一汁一菜

・惣菜&冷食&コンビニ活用

栄養云々をいうんであれば
現代なら一汁一菜で十分!

品数を増やすんじゃなくて
一汁の食材の数をドーンと増やせばいい
それだけで十分メインのおかずになる(笑)

それでも足りないなら
スーパーの惣菜や冷凍食品を活用すればいい

最近のコンビニの惣菜や冷凍食品ってすごいよ!
冷凍食品だけで余裕で半月ぐらいは過ごせるよ!
それぐらい種類も味も充実してるし

何より安い！！！

こう言っちゃなんだけど…
手料理が何よりも栄養価が高くて、
おいしくて、愛情がこもってる
そんな時代はもう終わってんのよ

一番大切なのは

あなたがもっと楽して生きること

それでももし
手料理をもっと簡単に、もっとおいしくしたいなら
料理の腕を磨くんじゃなくて
家に置いてある調味料を全部『そこそこ高くていいもの』に
変えるだけで料理の味は格段に上がるよ

料理なんて手抜きをしてナンボでしょー（笑）

お弁当だって手作りである必要はない

家庭での料理もそうだし
お子様のお弁当だってもっと手抜きでいい

一時期（今でも？）キャラ弁って流行ったでしょ？
あれ

食べ物を冒涜してるよね
子どものころに親から
「食べ物で遊んじゃいけません」って教わらなかったんかね？
それに、あんだけゴチャゴチャいじった弁当って
衛生的にどうなんだろうね？
夏とかやばいでしょ？

って思っちゃう

僕の保育園時代のお弁当はすごかったよ！
保育園時代の僕は『メロンパン』が大好きでね
母親に
「お弁当はメロンパンにして」
って言ってたんだよね

お弁当の時間
保育園でお弁当箱を開けたら
四つ切りにされたメロンパンが
ドーン！（笑）

今思えば保育園の先生とかから
注意されなかったのかな（笑
今度母親に聞いてみようっと（笑）

それぐらいお弁当だってテキトーでいいんだよ？

周りになんて言われようが
「子どもが食べたいものを詰め込みました」
それでいいのよ

手作りでもいいけど
手作りじゃなくてもいい

子どもにとって大切なのは
親がお弁当を持たせてくれた
その思い出だけで十分

メロンパンみたいによっぽどのインパクトでもない限り
子どものころのお弁当で何を食べたかなんて
いちいち覚えてないんだから（笑）

満員電車には乗らない

これはある程度都会に限った話だけど
毎日の通勤で満員電車で通勤してる人〜挙手♪

はい、そこのあなた（笑）
なんで毎日毎日そんなに命を削るような通勤してんの？
東京の満員電車とかほんとに殺人的でしょ
どう考えてもあんなもん体にも心にもいいわけがない
あれで人が死なないのが不思議で仕方がないわ

満員電車死…考えただけでも嫌だわ

思うんだけど
なんで会社に『通勤方法』まで指定されにゃならんのだ？

交通費の関係で仕方なく…は、もちろん分かるけど
僕はそのあたりもテキトーだったよ

僕は会社員時代

「満員電車に乗りたくない！」

ただその一心で片道五十分かけてバイク通勤してた

台風と雪の日以外は毎日バイク♪


これがねーもうめっちゃ快適で♪

途中、線路と並走する道があるんだけど

「うわーー！　今日も混んでますなーお疲れさまで～す」

なんて横目で見ながら僕は快適にブーン♪

毎朝、区が運営してる駐輪場にバイク停めてたんだけど
そこのおっちゃん（おじいちゃん）達とも爽やかに

「おはよーございまーす。今日も暑いっすねー」
なんて挨拶してたら仲良くもなって
今思えばかなり快適で清々しい通勤ライフだったよま
二回ぐらい事故ったけどね（笑）

『老後のため』と今、老後みたいな生活をしない

『老後のため』に貯蓄したり、人生設計立てたり
老後のためなら死んでもいい！
もう私の人生は老後が命！
みたいに（笑）
老後のことばっかり考えてる人っているやん？
まぁ、それが楽しいんならそれやってればいいんだけど

ちょっと考えてほしいんだ
いわゆる『老後』という人生が
安泰だった時代って…あったっけ？

少なくとも、僕が記憶している限りの数十年ですら
時代とともに生き方は激動に激動を重ねてるってのに
じゃあ、今あなたが四〇歳前後だとして
三〇年後の日本がどうなってるか想像できる？

終身雇用…崩壊しましたよね？
年金…ほぼ崩壊しましたよね？

あなたが今思っている『老後』というものは
本当にそのときになって存在しているかなんて
誰にもわからないんだよ？

別に、怖がらせたいわけじゃなくて
「これさえやっていれば老後は安心」

なんて生き方はいつの時代も存在しないんだってこと

一番危ない考えは
「これさえやっていれば老後は安心」
っていう考え方なんだよってこと

老後のため老後のためって
今をいろんなことを我慢して生きて
今をまるで老後のような生き方をして

そんな生き方を何十年もして
じゃあいざ老後と言われる歳になったときに
本当に残りの人生を、余生を楽しめると思う？

今、このときの人生を楽しめていないのに
老後になって突然人生を楽しめるわけないやん（笑）
今をしっかり楽しめる人こそが
老後の人生も楽しめるんだよ

「今を楽しもう」っていうのは
今が楽しめれば
これから先いつでも楽しめるんだよってことなの

健康のためなら死んでもいい！は本当に死ぬ（笑）

僕は食生活にこだわりがない
もちろん、おいしいものは大好きだ！
お茶会や講座で全国を飛び回っているけど
仕事よりもその土地のおいしいものを食べることのほうが
実は楽しみだったりもする（おい！（笑））
まぁ、おかげで
預金残高も体重も順調に増え続けてるけどね（笑）

しかし
家に帰ればひどい食生活をしている

料理をやれば人並み以上にできるが
ほとんど家にいないので自炊をすることもなくなり
コンビニの冷凍食品やインスタント
外食、昼酒、そんなものが当たり前になった

食の趣味趣向は人それぞれあってもいいと思う
添加物の有無や
有機がどうのこうの
オーガニックがどうのこうの
そういうものにこだわりたい人はこだわればいい
それが楽しくてやっているならいいと思うんだ
でも、中には
「うわ！　これこんなに添加物入ってる！　絶対食べない！」
「有機野菜以外口にしたくない！　ファミレスとかマジ無理！」
「オーガニックオーガニックオーガニック…」

と、
まるで自分が信じている食べ物以外は

すべて毒なんじゃないか！　というぐらいの勢いで
毛嫌いする人もいるけど…あのさー、そういうの

ストレスで死ぬよ？　いや、マジで

健康のためなら死んでもいい！　っていうぐらい
食べ物に偏ったこだわりを持っている人は
本当に早死にすることは、近年どんどんわかってきてる

体のために
心のために
本当にいいのは

食べたいものを食べること

それだけだと思うんだけどなー

こんな笑い話がある

とあるバカ親、あ、間違えた、母親が
健康のため！　と子どもには食事もそうだけど
『おやつ』までオーガニックのものしか与えなかった

しかし
その子どもは
お友達の家に遊びに行ったときは
いかにも体に悪そうな、でも子どもは大喜びしそうなおやつを
パックパク食べているそうな（笑）

お金は『貯める』より『作れる』ほうが大事

僕はお金に執着がない

もちろん多く稼げるに越したことはないが
どうせ稼いだお金は全部使っちゃうし（笑）

今でこそこうやって
フリーランスとして自由に仕事をしているが
この仕事だっていつまで続けられるかわからない

もしこの仕事がダメになって
新しく稼げる手段がすぐに見つからなければ
コンビニのバイトでもすればいいと思ってる

お金なんて必要最低限稼げればいい

もっと言えば
お金なんて自分で稼がなくてもいいしね（笑）

僕があまり『お金』について書かないのは
手段さえ問わなければお金なんてすぐに稼げると分かってるし
あればあったで
ないならないで
それ相応の生き方をすればいいと思っているから

とはいえ
それは僕が独り身だから、の話で
養わなければならない家族がいるとなると
当然話は変わってくるだろうけど

お金について大切なのは

・何かあったときのために蓄えておく

という当たり前の考え方ではなくて

・何かあったときでも稼げる手段を自分で作れる

という考えを持っておくほうが気が楽かもね

お金はたくさんあればいいかもしれないけど
お金は「いつでも作れる」という安心感のほうが
あなたの人生を豊かにしてくれるんじゃないかなー

なので僕は
稼いだお金はほぼ使います（笑）
お金の心配なんてなーんにもしてないから♡

見栄を張るな、胸を張れ

見栄なんて張りだしたらキリがない
先に出てきたキャラ弁だってそうだ
本当に一〇〇％子どものためにやってるんか？
どこかで
キャラ弁をインスタにあげて
「〇〇ちゃんのお母さんすごーい」って
言われたいがために頑張ってないか？

見栄なんて張りだしたらキリがない

僕が「日常生活」の中で一番バカバカしいなーって思うのが

男の腕時計と、履いてる靴で
男の品定めをする風潮

いかにいい腕時計をしているか
いかにいい靴を履いているか
いかにそれをこなしているか
みたいな？

はぁ？（笑）
じゃあそれ
その人が全部借金で買い揃えてたとしたらどうすんの？

わかる人には
「あー、これは借金で買い揃えてるなー」とかまで
わかっちゃうの？（笑）へぇーすごいねー

少なくとも僕は
腕時計と靴で品定めをするような人間に
（男女関係なく）全く興味がありまへん

だいたい、若くしていい腕時計してるやつは
何かしら胡散臭い商売してるのが多いし（笑）

時間なんて腹時計とスマホがあればわかる
靴は見た目より歩きやすさや機能性重視だ

あとは
胸張って歩いていればそれで十分

第六章

楽に生きる考え方

自分を過大評価しない

僕が楽に生きられるようになったきっかけの一つが
『スキューバダイビング』を始めたことだ

海に潜ったことがある人なら分かってもらえると思うけど
海は地上から見るよりも
海の中から見たほうがその壮大さに驚かされる

どれだけ透明度の高い海であっても
先が見えなくなるぐらい延々と続く広さと
底が見えないほどの深さを目の当たりにすると
いかに『人間』や『自分』という存在が
ちっぽけなものかということを思い知らされる

今海の中でタンクの中の酸素がなくなれば
あっという間に死んでしまうし
今もし人食いザメに襲われたら
それこそ海の藻屑と化すだろう

人は自然の中ではなんの力も持たない
本当に弱くてちっぽけな存在だということに
気付けたことは僕にとって大きな収穫だった

地球レベルで見たら、僕という存在なんて所詮

『塵』（笑）

宇宙レベルで見れば『塵』ですらない
そんな『塵』のような存在の僕が
何かに思い悩んだり苦しんだりしても所詮そんな悩みは

『塵以下』（笑）

あぁ、そっか
自分が今抱えている問題や悩みなんて
宇宙レベルで見たらただの『塵以下』なんだな

だったら
悩むだけ無駄だわー
問題なんて思うだけ無駄だわー
と、
悩みを悩みと思わなくなった
問題を問題と思わなくなった

例えば
夏になればその辺を『蟻』がちょこまかしているよね
その蟻がもしあなたの足元で…

「ああ！　しまった！　今日俺、

女王蟻様の部屋を掃除してくるの忘れたあああ！」
「あああああ！　俺もうダメだ！
体力の限界でこれ以上巣穴を掘り進められない！」
「あああ！　暑くて死にそうだ！
こんな日も餌を探しに行かなきゃいけないのかあああ！」

って
何か思い悩んだりつらそうにしていたとしても
気にならないでしょ？（笑）
もしかしたらその蟻、あなたがプチって踏み潰すかもしれんし（笑）

地球レベルで見れば、僕の悩みや問題なんて
所詮その程度なんだってこと

自分を過小評価しよう、と言っているわけじゃない
自分の悩みや問題を抱えたときに

それをいかにも世界の終わりかのように思う必要はない
ってことね

三ヶ月以上先のことは考えない

多くの人が
予想もつかないまだまだ先の心配ばかりしている

逆に
何十年先までの人生設計を立てて
安心しきっている人もいる

みんな意外と気付いてないけど
世界はほぼ十年サイクルで激動している

今やってる将来の心配や

今やってる将来の安心は
十年後ほぼ役に立たない

人生、そんなに簡単にいくんなら
誰も苦労しないって（笑）

そりゃーね
ある程度先のことは考えないといかんだろうけど
来年自分がどう生きてるかもわからないのに
何十年も先の人生設計をしてなんの意味があるんだろう？

来月旦那さんがリストラされたらどーすんの？（笑）

これからの時代に必要なのは
何十年も先の人生設計を立てられる能力ではなくて
今、予想だにしない何かが起こったときに
臨機応変に対応できる能力なんじゃないかな

なので、僕は基本的に
三ヶ月以上先の予定は立てない
それ自体が無駄だと思っている
それがプライベートであれ、仕事であれね

目標設定をしない

世間一般的によくいわれる

目標設定をして
ゴールを決めて
そこから逆算して行動計画を立て
一つ一つ課題をクリアしていって
途中、行動計画を修正しながら
最終的に目標を達成する

それをやって
本当にそのとおり計画を遂行できる人って
一体何パーセントぐらいいるんだろう?

少なくとも僕は
それをやろうとして上手くいった試しもないし
そういう生き方は絶対にできないと確信している(笑)

さっき書いたように
『三ケ月以上先のことは考えない』ので
そもそも僕の人生に『目標設定』という生き方自体
存在しない

とはいえ
目標設定をしたほうが生きやすいという人もいるので
それ自体を否定しているわけではないので誤解のないように

中には

「目標設定をしないとサボっちゃうし何も達成できないから…」
という人もいるだろう

けど
サボって何が悪いの？
達成しないと死ぬの？

そもそも
目標設定をして計画を立てないと達成できないようなことなんて
最初からやりたいことじゃなかったんだよ（笑）

本当にそれがやりたいことなら
計画なんか立てなくても最初から全力で取り組むし
それをやってること自体が楽しいからサボるという概念がないし
気がついたら達成してるものなんだよ

何事も長続きしなくてもいい

僕はいわゆる『飽き性』だ
何事も長続きしない

この本だって書き上げるまでに原稿を二回ボツにした
書いているうちに
「あー、今伝えたいのはこのテーマじゃないなー」
って飽きるから（笑）
担当の方や出版社の皆さんにはご迷惑をおかけしました

日本は昔から
『石の上にも三年』という言葉があるように
何事も我慢して三年は続けなさい！　とか

何事も長く続けて極めてこそ素晴らしい！　みたいな
それを『美徳』とする風潮がある
もちろん
そういう価値観が合っている人もいるとは思うが
それが『全人類に必要』なわけではない

一つのことを長く続けて究めて
いわゆる『職人』みたいな人がいてもいいし
そういう存在を『スペシャリスト』と呼ぶんだろうけど
全人類が何かの『スペシャリスト』である必要はない

僕みたいな
飽き性で
器用貧乏で
でも
大抵のことは何をやらせてもそこそこできて
『スペシャリスト』がやらないような仕事を
コツコツやるような人間がいてもいいと思う

そういう人間は
今やってることに飽きたら
また新しいやりたいことを見つけて
どんどんとできることが増えていく

それはそれで
人生の楽しみ方の一つでもある

僕もまた
この本が発売されるころには
きっとまた何か新しいことを始めてるんだろうなー（笑）

人生を簡単に変えるたった一つの方法

何かしらの理由で『人生を変えたい』と考える人は多い

でも
みんなどこかで
「人生なんてそんな簡単に変えられるものじゃない」
とか思ってる

そりゃーね
そう思っていればそういう人生になるよね（笑）
人生ってそんなもんだよ

そこで
本当に人生を変えたい
できることならなるべく簡単に…
って思っている人にオススメな方法は

すべてを捨てて
引っ越す！
（最低でも県外）

これ以外にないから！

きっと多くの人が
人生を変えるために必要なのは
『準備』だと思ってる

んー…
それも間違いではないけど
人生が変わるほどの準備って、何よ？（笑）

よく耳にするのが
・起業をしたいから会社員をしながら準備をする
・離婚したいから裏で着々と準備を進める

は？
なにその「ちゃんと準備が整ったらやります！」みたいなやつ
その時間ほんまに無駄だから

すべてを捨てて
引っ越す！
（最低でも県外）

これをやっちゃえば
もうその先は変わらざるを得ないのよ
準備がどうとか言ってる場合じゃない

人生を変えたいなら
サクッと『変えざるを得ない状況』に自分を持っていくこと

大丈夫
日本はよっぽどのことじゃない限り
死ぬことはないから（笑）

ちゃんとしなくていい

ちょっとしたことならまだしも
いわゆる一般的に人生の転換期といわれる、例えば
就職転職
結婚離婚
起業とか
引越とか

そういうとき、やたらと
『準備』にこだわる人が多い

何も失敗がないようにしっかり準備をしてちゃんとやらなきゃ！
みたいな

お金が貯まったらやります！
時間ができたらやります！
資格取ったらやります！
人脈できたらやります！
あと何キロ痩せたら！
機が熟したら！
などなど
いやいや
それ、いつ？（笑）

あのね
ハッキリ言うわ

あなたの人生に於いて
『準備』が整うときは、一生来ないよ
『準備』を整えてる時間があるなら
『準備』なしにさっさと始めたほうが

『準備』を整えてから始めるよりも
さっさとそれは実現できるんだよ!

そりゃーね
最低限の準備は必要だろう
でも
必要以上の準備って本当に無意味

なんでそんなに『準備』にこだわるのかって、きっと
『ちゃんとしなきゃ!』の精神があるからなんだろうね

もうねー
何事もちゃんとしなくていいから(笑)

ちゃんとって何よ?
ちゃんとしなかったら死ぬの?(笑)

それに

あなたのちゃんとと
誰かのちゃんとが
同じとは限らないでしょ？
だったら
ちゃんと！　なんて考えるだけ無駄〜
ちゃんとちゃんと病から早く抜け出してね！

失敗したっていい

『準備』にこだわる人って結局は
『失敗』したくないからなんだよね

大きいことで言えばやっぱり
就職と
結婚で

失敗したくない人が多いんじゃないかな

ん—…
じゃあ改めて質問するけど

なんで
就職も結婚も
失敗しちゃいけないの？
これに明確に答えられる人、いる？
失敗したら人生終わり、とか
ほんまにただの『イメージ』でしょ

例えば
大学生のうちにやる『就活』（僕はやったことないけど）
内定がもらえなかった
就職できなかった
そういう人って「ああ…人生終わった」とかいう人いるでしょ？
それで本当に人生が終わった人ってどれぐらいいるの？（笑）

結婚だってそう
一度離婚したからって
「ああ…人生終わった」って本当に終わった人いる？

そんなこと言ったら
僕の人生、何回終わってるかわからん（笑）
僕の人生、一般的に見れば失敗ばっかりだよ

でも僕は何一つ『失敗』だったなんて思ってない

失敗した分、人に話せるネタも増えるし
失敗した分、人のお役に立てることも増える

え？　これ、いいことしかなくない？（笑）
だとしたら
失敗万歳！
失敗カモーン！

なんですけどー♡

親・過去とは一切向き合わなくていい

心理学とか、スピリチュアルを否定するわけではないが
昨今、やたらと

・両親と向き合いましょう
・過去と向き合いましょう
・そこを解決しないと先へは進めません
みたいなことを言う人、いるよね

確かに
今あなたが「生きづらい」と感じていることの一つの原因に
親との関係性とか
過去のトラウマとか

そういうものが関係しているのは否定はしない

が、しかしだ
その「今生きづらいことの原因」である親や過去と
どんだけ向き合ったところで

ああ！　そうか！
私が今生きづらいのは親、過去に原因があるからだ！

ということが分かるだけで
それが分かったところでそこから先へ一歩踏み出すための
糧になるわけではない

結局
みんな
一歩先へ進むことや
自分が変化することが怖くて
親や過去を『原因』『理由』『言い訳』に

してるだけなんだよ

今やってるそれは

ただの『原因探しごっこ』

じゃあ言わせてもらうけど
親にひどい扱いをされた人達
過去にトラウマがある人達は
み―んなひどい人生を歩んでるんか？
違うだろ

親は親
過去は過去
それを『言い訳』にしてきた人生と
これから先歩みたい自分が望んだ人生って
今のあなたからすれば

辻褄が合わない

だから変化を恐れるし
だから一歩が踏み出せない

これまでの人生と
これからの人生は
辻褄なんか合うわけないのに
辻褄を合わせようとするから苦しいだけで
これまではこれまで
これからはこれから

で？
結局あなたはこれからの人生を
本当はどうしたいの？

考えればいいのはそこだけなんだよ

っていうことを書くとね
「心理学がわかってない人間ってそう言うんだよねー」
っていう反発が来る（笑）

あのね
僕が言いたいのは
確かにあなたたちが言うように
何かと向き合ってどうのこうのが必要な人間もいるとは思う

けど
あなたたちは大体いつもそうなんだけど
それがまるで『全人類に必要』みたいな言い方するんだよね

そんなわけないじゃん
必要な人もいれば
必要ない人もいる
僕はその『必要ない人向け』に書いてるだけなんだよ

暇だから悩む

なんだかわからんけどずーっと悩み事を抱えて
『私悩んでるんですオーラ』をプンプン発してる人いるよね（笑）

そういう人って
自分が世界で一番不幸で
私の悩みは世界一重たい悩みだ
ぐらいに思ってんだよねー

うん
ごめん
最初に書いたでしょ？
悩みなんて本当は『塵以下』だから

そして
あなたはその『問題』があるから悩んでるんじゃなくて
暇だから悩んでるだけ
悩みたいから悩んでるだけ

悩みたい人ってね、悩みがないと逆に不安なの
悩んでいる自分でいるほうが安心できるから
悩みたいから悩むの

でもさ
あなたのその悩みは
本当に『悩み』なの？
本当に『問題』なの？

それに気付くことができて
「ああ、私は悩むのが好きなんだ」と分かれば

それが分かった上でなら悩むという遊びを
ずっとやってればいいと思うよ（笑）

自分という人間は所詮、神々の遊び

これはいい意味で捉えてほしい話
自分っていう人間はなんのために生まれたんだと思う？
自分っていう人間はなんのために生きてるんだと思う？

これって結構思い悩む人もいるよね

でもそんなことに答えなんかなくて
それを考えてるうちに死んじゃう（笑）
自分のアイデンティティーを見出せる人なんて
きっとそんなにいないんだと思う

でも
それでいいやん
それの何がダメなの？

僕はね
自分が生まれた意味を
自分が生きてる意味を
こんなふうに考えてるよ

別の次元にいる『源さん』という神様が
その次元の世界があまりにも暇すぎて
「ちょっと地球で人間やってくるわー」って
生まれてきたんだと思ってるの（笑）

で、何をしに人間になりにきたかというと
人間でしかできないいろんな経験をするため

いいことも
悪いことも

うれしいことも
楽しいことも

つらいことも
悲しいことも

幸せなことも
死にそうなことも

ぜーんぶひっくるめてそれらを体験するため

神様って本当に暇でね、どんなことでもいいから
とにかく人間を使って『感情の起伏』を体験したいのよ

でも神様的には

その感情が『喜怒哀楽』どの種類であるかなんて関係なくて

楽しいことなら
「っしゃ！　今めっちゃ『楽しい』を感じてる！　ラッキー！」

悲しいことなら
「っしゃ！　今めっちゃ『悲しい』を感じてる！　ラッキー！」

何か悩んでるなら
「っしゃ！　今めっちゃ『悩んでる』をやってる！　ラッキー！」

自分という人間が何をどうやっても
自分という人間が何をどう感じても
自分という神様はただただ喜ぶだけ

まぁ、簡単に言っちゃうと

暇を持て余した神様は僕という人間を使って

『暇つぶし』という遊びをしてるだけなんだよね（笑）

この話は『神様』の部分を『魂』に変えてもわかりやすいかもね

正解も正義も一つとは限らない

これまで散々現実的なことを書いてきてたのに
ちょっと前あたりから急にスピリチュアル？　のような
不思議なことを言い始めたぞこいつ
と思ったそこのあなた…

正解！（笑）

僕自身、スピリチュアルはひととおり習ってきたし
慶應義塾大学で博士をやっているお友達がいて、彼と話をしていると

『スピリチュアルは科学』
ということがよく分かる

例えば
『パラレルワールド（平行世界）』
今あなたがそこに存在している世界は
一つではなくて実は複数存在している
これはもう科学で証明されてるんだよね

だからといってその辺にいるスピ信者のように
スピリチュアルな考え方を押しつけるつもりはない
スピリチュアルなんて
自分の都合のいいように解釈すればいいもの
正解なんてないし
同じ正解でも人によっては解釈が無数にある

つまり
なんでもアリなのだ（笑）

それが
スピリチュアルであれ
心理学であれ

その人の正解はその人だけのものであって
その正解が必ずしも誰かの正解になるものとは限らない

僕はスピリチュアルも心理学も好きだけど
『これが正解だ！　ほかは間違っている！』
みたいな、盲信しているスピ信者や心理学者は大嫌いだ（笑）

私も正解
あなたも正解

自分は自分
あなたはあなた

それでええやん
それじゃダメなの？

自分の正解を人に押しつけて納得させようとするから
あらゆる争いが起きるんだよ

拘りすぎると
正しいことも争いの種になるの

正義は自分に貫くものであって
正義を他人に貫いたら凶器・狂気になる

これは覚えておいて損はないと思うよ

未来を思い出す

僕が今、最も熱い！　と思っている不思議な話を一つ紹介しよう

『時間』って
現在から未来に向かって過ぎている
それが現代の人間界では当たり前だけど
『時間』という概念は
人間が社会生活を円滑に行うために作った
ある意味、人工的な概念であって
実は『時間』というものは
過去も現在も未来も同時に存在しているもの

つまり

一秒前のあなたも
一秒後のあなたも
同時にどこかの世界で存在している、ということ

『デジャヴ（既視感）』ってあるでしょ？

あれってね
未来の自分が見た風景とか情景、人、会話、そういうものを
現在の自分が
「あ、そういえばこれ、未来に経験してたわー」
って、思い出しただけなんだよね

つまりあなたは
これから先の未来に起こることを知っていたってこと

そしてデジャヴは

『過去』にとらわれず

『未来』に不安を感じず
『今』を大切に生きている
『今』をめちゃめちゃ楽しんでいる
『今』自分がここにいるということを
感じられている人に起こりやすい現象
言い方を変えると
『今』を見据えて生きている人には
デジャヴという形だけでなくいろんな形で

未来を思い出すことができる

僕は今
これから先の人生を
何一つ全く不安に感じていない

それはもちろん
『今』という人生を楽しんでいるからというのもあるけど

未来の自分がどういう幸せな人生を送っているかを
知っているから

こんなことを言うと
「いやいや源さん
そんなこと誰にでもできることじゃないでしょ？」

って言われそうだけど

え？　誰にでもできるよ
できないって思ってる人は
これまでの人生でこういう概念を知らなかっただけ

知っちゃったら意外とできるようになるよ

『今』という人生を楽しんでいれば
そのうち分かるよ

だからね、いつまでも
『過去』にとらわれず
『未来』を不安に思わず
『今』をゆる〜くテキトーに楽しもうよ

人生は壮大なひまつぶし

どんな生き方をしてもいい
どんな人生を歩んだっていい

その時々に体験をして
その時々に感じること
それを感じ切ることが
あなたという神様が
あなたという人間に望んでいること

暇を持て余した神様が
あなたを使って遊んでるんなら
あなたも
自分という人間を
自分という人生を
とことん遊んだらいいんだよ
とことん楽しんだらいいんだよ

神様に遊ばれてるって思ったら
いちいち悩んだり
いちいち悲しんだり
いちいち不幸なふりをするのが
どんどんバカバカしくなってこない？（笑）

もちろん
つらいことや悲しいことがあってもいい

そのときはその感情を感じ切ってあげてほしい

そしたら神様は喜んでくれるから（笑）

どうせたかだか百年程度の人生
真剣に生きるのもよし
ゆる〜くテキトーに自由に生きるのもよし
どんな生き方をしたってそれがあなたの人生

あなたがどんな生き方をしたって
誰も困らないし
世界だって変わらない

だったらもっと
自由に生きていいと思う

ちなみに僕は
今の人生を遊びつくそうと思っているので
仕事とかお金とか人生の醍醐味とか
そんなことを考えるぐらいなら

ゆる～くテキトーに自由に生きて
おだやか～に海に浮かんで
ひまつぶしをしていたい

僕の唯一の『人生の目標』は

海の見える古民家の縁側で
お茶をすすりながら
ひっそりと死ぬこと

そのときは絶対に
「いい人生だった」
って言いながら死んでいくよ

もし
あなたの人生そのものが
壮大なひまつぶしだとしたら
どんなことをして遊ぶ？

どんなことをして楽しむ？
人生は壮大なひまつぶし
そして
現世での人生を全うしたら
来世でまた逢おう

終章 おわりに

『あとがき』も壮大なひまつぶし

この本を執筆するにあたって
これまで二回原稿をボツにした

出版のお話をいただいた当時はまだ
『パートナーシップ研究家』としての活動がメインで
本を書くならパートナーシップのことだろうと思っていたし
きっと担当の田中英子さんも思っていたはず（笑）

ところがどっこい（↑最近こんなこと言う人いないよね（笑））
二回もボツにしてしまった

理由はいたって簡単

一作目…書いてみて、読んでみて、つまらん…
二作目…書いている途中で飽きた

そこで気付いたことが二つ

一つ目は
パートナーシップ研究家をやめよう、もう飽きた（笑）
もちろんこれからもパートナーシップの相談を受けることはあるだろうけど
それ専門でやっていくのはやめた
これからはこの本みたいに
ゆる〜くテキトーに
それでも豊かに自由に生きられるんだよー
ってことを伝えていきたい

二つ目は
僕は、縦書きだと面白いことが書けない！！（笑）
なんだろう
横書きのブログのほうが面白いことが書ける気がした

（面白いっていうのは内容ではなく、単純に『笑い』という意味）

なのでまだ僕のブログを知らない人は
【直感的源論】で検索して読んでみてほしい
多分そっちのほうが面白い

そして
この本を読んで既にお気付きだろうと思うけど
僕の文章はほとんど『敬語』を使わない
それは、僕のブログもそうで
綺麗な文章
印象のいい文章
読みやすい文章
そういうものに全く興味がなく
そもそも物書きではないので日本語自体怪しい

どちらかといえば『話し言葉』で
あなたと会話をしているように伝えたいからだ

ですので
失礼に感じさせてしまった部分も多々あるかとは思いますが
何とぞ、これが僕の個性なんだと、大目に見ていただきたく存じます

そんなわけで本来なら二〇一七年夏の出版予定が
すっかり遅くなってしまった

お待たせしてしまった皆さん
それでも
この本を手にとって読んでくださった皆さん
心からお礼を言わせてください
本当にありがとうございました
愛しています♡

そして
二回もボツにしてしまい

相当なご迷惑をおかけしてしまった
担当の田中英子さん
出版社の皆さん
こんなゆる～くテキトーな人間のわがままにお付き合いいただき
本当にありがとうございました

もし次に本を出す話が来たら
ライターさんを使います（笑）
もう自分で書きたくありません（笑）
執筆がこんな大変だなんて夢にも思いませんでした（笑）

それでも
書き終わった今
謎の感動と安堵で涙が出てきました
こんな素敵な経験をさせていただきありがとうございました

おわりに

これからの僕は
今まで以上にゆる〜くテキトーに
今まで以上に豊かに自由に生きる

こんな活動をしておきながら
こんな本まで出しておきながら
言うことじゃないかもしれないけど

僕は有名になりたいわけじゃない
ただ
同じような価値観の人たちと
ゆる〜くテキトーに生きていきたいだけ

僕はただ
その方法や考え方を一方的にシェアして
それに賛同してくれる人がいたらうれしいなー
っていうだけなんだよね

この本を手にとってくれたあなたが
そして
世界中の多くの人が
もっとゆる～く
もっとテキトーに
もっと豊かに
もっと自由に
生きられるお手伝いがしたいだけ

気が向いたら
あなたの人生のひまつぶしの一つでいいので
僕という人間をこれからもイジってほしいです

一明

源

一明 源

20歳のときに探偵事務所へ就職したことをきっかけにプライベートでも不倫、離婚、パートナーシップの相談を受けるようになる。
その後 18年間さまざまなパートナーシップの相談を受けた経験を活かし『パートナーシップ研究家』として全国を講演、イベントで飛び回る。現在はゆる〜くテキトーに生きるヒントも発信中。

ブログ 直感的源論
http://gen-ron.hatenablog.com

人生は壮大なひまつぶし

ゆる〜くテキトーでも豊かに生きられるヒント

2018年1月1日　初版第1刷
1月11日　初版第2刷

著者　一明《いちみょう》 源《げん》

発行人　松﨑義行
発行　みらいパブリッシング
東京都杉並区高円寺南4-26-5 YSビル3F 〒166-0003
TEL03-5913-8611　FAX03-5913-8011
http://miraipub.jp　E-mail : info@miraipub.jp
発売　星雲社
東京都文京区水道 1-3-30 〒112-0005
TEL03-3868-3275　FAX03-3868-6588
企画編集　田中英子
表紙デザイン　eclectic+style design studio 大井葉月　阿部知美
筆文字　舞文字 まい
印刷・製本　株式会社上野印刷所

ISBN978-4-434-24085-0 C0095